CATALOGUE

D'UNE BELLE COLLECTION

DE DESSINS

ET

ESTAMPES

RELATIFS

A L'ORNEMENTATION ET A L'ARCHITECTURE

Dont la vente aux enchères publiques aura lieu

HOTEL DES COMMISSAIRES-PRISEURS, RUE DROUOT, N° 9

SALLE N° 7

Les Mardi 29 et Mercredi 30 Avril 1884

A DEUX HEURES PRÉCISES

Me MAURICE DELESTRE

COMMISSAIRE-PRISEUR

Rue Drouot, n° 27.

M. CLEMENT

MARCHAND D'ESTAMPES
DE LA BIBLIOTHÈQUE NATIONALE

Rue des Saints-Pères, n° 3.

PARIS — 1884

CATALOGUE

D'UNE BELLE COLLECTION

DE DESSINS

ET

ESTAMPES

RELATIFS

A L'ORNEMENTATION ET A L'ARCHITECTURE

Dont la vente aux enchères publiques aura lieu

HOTEL DES COMMISSAIRES-PRISEURS, RUE DROUOT, N° 9

SALLE N° 7

Les Mardi 29 et Mercredi 30 Avril 1884

A DEUX HEURES PRÉCISES

Me MAURICE DELESTRE

COMMISSAIRE-PRISEUR

Rue Drouot, n° 27.

M. CLEMENT

MARCHAND D'ESTAMPES

DE LA BIBLIOTHÈQUE NATIONALE

Rue des Saints-Pères, n° 3.

PARIS — 1884

CONDITIONS DE LA VENTE

La vente se fera au comptant.

Les acquéreurs payeront *cinq pour cent* en sus des adjudications applicables aux frais.

L'expert chargé de la vente se réserve la faculté de rassembler ou de diviser les lots.

ORDRE DES VACATIONS

Mardi	**29 Avril**	....	Nos	177 à 331
—	—	— Dessins................	Nos	1 à 90
Mercredi	**30**	—	Nos	332 à la fin.
—	—	— Dessins................	Nos	91 à 176

DÉSIGNATION

DESSINS

ANONYMES

1 — Dessins de broderie pour une étole. A la plume.

2 — Enfant sur un rocher, tenant un cygne. Au lavis d'encre de Chine et de bistre.

3 — Recueil de dessins de tapisserie, publiés chez la veuve de Pierre Fessard, passage de Saint-Germain-l'Auxerrois, vis-à-vis le vieux Louvre. 1 vol. in-fol. broché.

4 — Fleurs et dessins d'ornements pour décorations de châles, dentelles et étoffes imprimées. Vingt-deux dessins à l'aquarelle et crayon.

5 — Fleurs, arabesques, etc., pour décoration de papiers peints. Vingt-cinq dessins à la plume et aquarelle.

BABEL

6 — Frontispice pour un livre du XVIIIe siècle. A la plume et lavis d'encre de Chine.

BELLA (della)

7 — Frise avec Amours et Animaux. A la plume.

BIBIENA

8 — Autel d'Église, dédié à la Sainte-Vierge. Très beau dessin à la plume et lavis de bistre et d'encre de Chine. A été gravé par Pfeffel.

BIBIENA

9 — Cour d'un riche Palais ; à droite, une fontaine. Beau dessin à la plume et lavis d'encre de Chine et de bistre.

10 — Palais d'un Empereur. Beau dessin à la plume et lavis d'encre de Chine et de bistre.

11 — Monuments d'Italie ; sur le devant, une statue sur un piédestal. Beau dessin à la plume et lavis d'encre de Chine et de bistre.

12 — Entrée d'un Palais; vers la droite, un obélisque. Beau dessin à la plume et lavis d'encre de Chine et de bistre.

13 — Vestibule d'un riche Palais. Beau dessin à la plume et lavis d'encre de Chine et de bistre.

14 — Décoration intérieure d'un riche Palais. A la plume.

15 — Galerie du Palais. Beau dessin à la plume et lavis d'encre de Chine.

16 — Décoration d'un plafond. Beau dessin à la plume et lavis d'encre de Chine.

17 — Un intérieur d'Église. Beau dessin à la plume et lavis de bistre.

BLONDEL

18 — Porte cochère d'un Palais, avec fronton aux armes du Roi. A la plume et lavis d'encre de Chine.

19 — Entrée d'un Palais. A la plume et lavis d'encre de Chine.

BOUCHARDON

20 — Tombeau d'un Guerrier. A la sanguine.

21 — Statue d'Hébé. A la sanguine.

22 — Etudes d'Amours sur une même feuille. A la sanguine.

BOUCHER (F.)

23 — Amours. Beau dessin au crayon noir, rehaussé de blanc.

24 — Un amour en l'air. Aux trois crayons.

CAILLOUET

25 — Divers dessins de grilles et de portes de clôture de chœur. Quatre dessins au lavis d'encre de Chine.

CARAVAGE (Polydore de)

26 — Vase et Aiguière. Deux dessins sur une même feuille, à la plume et lavis de bistre, rehaussé de blanc.

CAUVET

27 — Arabesques en hauteur. Quatre dessins au crayon noir.

28 — Arabesque en hauteur. Beau dessin au lavis de bistre et encre de Chine.

29 — Vase de fleurs soutenu par deux syrènes. A la plume et lavis d'encre de Chine.

30 — Décoration pour dessus de porte. Au lavis d'encre de Chine.

31 — Vases. Deux dessins à la plume.

32 — Décoration d'appartement, avec cheminée et portes. Au lavis d'encre de Chine.

33 — Arabesques. Six sujets sur deux feuilles. Au crayon noir.

34 — Décoration extérieure d'une Galerie. Au lavis d'encre de Chine.

35 — Plafond. Beau dessin à la plume et lavis d'encre de Chine.

36 — Décoration d'une Galerie. Au lavis d'encre de Chine.

37 — Galerie d'un Palais. Au lavis d'encre de Chine.

CHOFFARD (P.-P.)

38 — Encadrements avec attributs de musique. Au crayon noir.

COYPEL

39 — Composition allégorique pour plafond. A la plume et lavis d'encre de Chine.

40 — L'Hiver, allégorie. A la sanguine.

CUVILLIÉ

41 — Décoration d'appartement, avec cheminée et portes. Beau dessin à la plume et lavis d'encre de Chine.

42 — Dessin d'un ostensoir, formé de figures et têtes d'amours. Beau dessin au lavis d'encre de Chine.

43 — Un Reverbère surmonté d'une couronne royale. Aquarelle.

DELAFOSSE (J.-C.)

44 — Cartouche avec attributs des arts. A la plume et lavis d'encre de Chine.

45 — Mausolée, avec figures allégoriques. A la plume et lavis de bistre.

46 — L'Histoire, allégorie. A la plume et lavis d'encre de Chine.

47 — Trophée d'attributs des arts. A la plume et lavis d'encre de Chine.

48 — Vase. Beau dessin à la plume, signé. A été gravé dans l'œuvre.

49 — Décoration pour l'arrière d'un bateau. A la plume et lavis d'encre de Chine.

50 — Attributs de guerre et autres. Deux dessins à la plume.

DELAFOSSE ET CHOFFART

51 — Galerie d'un Hôtel. Groupe d'amours soutenant une corbeille de fleurs. — Fleuron avec portrait et attributs. Trois dessins à la plume et lavis d'encre de Chine.

DIVERS

52 — Trophée de musique. — Fleurs et feuillages. Trois dessins au lavis et sanguine.

53 — Cartouche et Vase. — Glace et ornements divers. Quatre dessins au crayon et lavis.

54 — Panneaux d'appartement. Deux dessins au lavis d'encre de Chine.

DIVERS

55 — Vases et Trophées. Soixante et un dessins à la sanguine, au crayon noir et aquarelle.

56 — Bouquets de Fleurs. Six dessins au crayon noir, à la sanguine et aquarelle.

57 — Vases, Tombeaux, Chaire d'Église et sujets allégoriques. Huit dessins à la plume, au crayon noir et lavis.

58 — Ornements et architecture. Vingt-deux dessins.

59 — Figures allégoriques et ornements. Dix dessins.

60 — Plafonds, Frises, Fleurs, etc. Dix dessins.

61 — Cartouches, Arabesques et Ornements divers. Douze dessins.

62 — Amours. Quatre dessins au crayon noir, rehaussés de blanc, sur papier bleu.

63 — Groupe d'Amour, — La Chasse au Renard, etc. Cinq dessins.

64 — Cheminée et Panneau à glace du château de Bercy, — Chambre à coucher du château de Bercy, — Décoration de chapelle, etc. Quatre dessins au crayon et lavis d'encre de chine.

65 — Arabesques, Amours, Fruits, etc. Six dessins.

66 — Ornements et Architecture. Sept dessins.

67 — Décorations d'appartements et plafonds, etc. Quatre dessins à la plume et lavis de bistre.

68 — Cartouches et Ornements divers. Cinq dessins à la sanguine et encre de chine.

69 — Cartouches, Arabesques, Plafonds et sujets. Quinze dessins.

70 — Vases, groupe d'Amours, etc. Six dessins.

71 — Vases, Ornements et Figures. Neuf dessins.

DIVERS

71 *bis* — Armoiries, Trophées, Paysages etc. Vingt-trois dessins par Nilsoon, Bernin, Fragonard, Castiglione, etc.

71 *ter* — Fleurs, Fruits, Armoiries, etc. Vingt-huit dessins par Huet, Maes, Mme Vallayer Coster, etc.

DUMONT (le Romain)

72 — Trophée avec attributs de guerre, — Trophées. Trois dessins au crayon et sanguine et lavis d'encre de Chine.

73 — Trophées. Suite de quatre très beaux dessins au lavis d'encre de Chine.

DURANT

74 — Un hôtel à Paris, en 1826. Au lavis d'encre de Chine, rehaussé de blanc.

ÉCOLE ALLEMANDE DU XVIe SIÈCLE

75 — Arabesques formés de fleurs et feuillages. Au lavis d'encre de Chine, rehaussé d'or.

ÉCOLE ITALIENNE DU XVIe SIÈCLE

76 — Décoration pour plafond, avec paysage à gauche. Beau dessin à la plume et lavis de bistre.

ÉCOLE ITALIENNE DU XVIIe SIÈCLE

77 — Arabesques en largeur, avec figures d'amours et syrènes. Quatre dessins à la plume.

77 *bis* — Armoiries avec figures de femmes et d'amours. A la plume et lavis de bistre.

78 — Cartouche avec figure d'amours et syrènes. A la plume et lavis de bistre.

ÉCOLE FRANÇAISE DU XVIIe SIÈCLE

79 — Chaires à prêcher. Trois dessins à la plume et lavis d'encre de Chine.

ÉCOLE FRANÇAISE DU XVIIe SIÈCLE

80 — Chandelier pascal. Grand et beau dessin à la plume et lavis de bistre, rehaussé de blanc.

81 — Figure allégorique de la foi. Au crayon noir.

ÉCOLE FRANÇAISE DU XVIIIe SIÈCLE

82 — Statue de Vénus sur un piédestal. A la plume et lavis de bistre.

83 — Projet de monument funèbre d'un prince Royal. Dauphin de France. Beau dessin au lavis d'encre de Chine.

84 — Soupières. Deux beaux dessins à la plume et au lavis d'encre de Chine.

85 — Une Fontaine, avec figures et Dauphins. Au lavis d'encre de Chine.

86 — Deux Nymphes assises, etc. Trois dessins, à la sanguine.

87 — Etudes d'amours, d'après Raphaël, — La danse des saisons, d'après le Poussin. Trois dessins à la sanguine.

88 — La Danse des muses. A la sanguine.

89 — Médaillon entouré de roses. Au milieu trois lettres entrelacées. A l'aquarelle.

90 — Une fontaine; au-dessus, un médaillon avec figures de femmes de chaque côté. Au lavis d'encre de Chine.

91 — Une muse. Au crayon noir, rehaussé de blanc.

92 — Figures allégoriques pour décoration de plafonds. Neufs dessins à la sanguine.

93 — Vases, Fontaines, Figures allégoriques sur les arts. Sept dessins, à la plume au crayon et lavis.

94 — Arabesques et Décoration pour plafond, Trois dessins par Fragonard, Cuvillier, etc. Au crayon noir et bistre.

95 — Grotesques. Quatre dessins à la sanguine et aquarelle.

ÉCOLE FRANÇAISE DU XVIIIe SIÈCLE

96 — Cartouches avec figures de syrènes. Trois dessins à la sanguine.

97 — Amours et Figures allégoriques, — Composition pour plafonds. Quatre dessins au crayon noir et lavis d'encre de Chine.

98 — Décoration pour un plafond. Beau dessin au lavis de bistre et d'aquarelle.

99 — Modèle d'assiette. A la plume et lavis d'encre de Chine.

100 — Confessionnaux et ornements d'église. Quatre dessins au lavis d'encre de Chine.

101 — La Charité. — La Force. — L'Orgueil. — La Justice, etc. Cinq dessins à la plume et lavis d'encre de Chine.

102 — Cartouche pour affiche de spectacle. Au lavis d'encre de Chine.

103 — Fleurons. Vingt-trois dessins à la plume et bistre, montés sur une même feuille.

104 — Projets pour un palais avec arc de triomphe. Trois beaux dessins au lavis d'encre de Chine et bistre.

104 *bis* — Projet de monument public. De la droite, arrive le carrosse du Roi. Grand dessin en largeur au lavis d'encre de chine et d'aquarelle.

EISEN (Ch.)?

105 — Encadrement de glace. En haut, un amour tenant deux guirlandes de roses, etc. Lavis d'aquarelle.

106 — Les Trois Grâces. Au lavis de bistre.

FONTANIEU

107 — Vase, les anses formées de dauphins. Au lavis d'encre de chine.

108 — Un vase de Jardin. Beau dessin au lavis de bistre, rehaussé de blanc.

FRAGONARD (H.)

109 — Groupe d'amours, représentant la Peinture. A la plume et lavis de bistre.

110 — Statues et études de têtes, d'après Polydore de Caravage. Au crayon noir.

111 — Décoration d'un dessus de porte, pour le château de Versailles. Au crayon noir, rehaussé de blanc.

112 — Vases et amours. Dessin en forme de frise. A la plume et lavis de bistre.

GABRIEL

113 — *Plan et élévation d'une partie de la façade de l'École royale militaire sur le Champ de Mars.* Superbe et très précieux dessin au lavis d'encre de Chine ; a été gravé.

114 — Grand salon de compagnie du Palais-Royal. Superbe dessin au lavis d'encre de Chine.

115 — Galerie d'un palais. Au milieu les armes du Roi. Au lavis d'encre de Chine.

GILLOT (Claude)

116 — Lettres ornées d'un alphabet. Les lettres A, B, C, D et Z ornées de figures de femmes, d'hommes et d'animaux. Cinq beaux dessins à la sanguine.

GUIBAL

117 — Les dieux de l'Olympe, en plafond. Au lavis d'encre de Chine et d'aquarelle.

HABERMAN

118 — Vases et aiguière. Deux dessins à la plume et lavis d'encre de Chine.

119 — Chaires à prêcher. Six dessins. Au lavis d'encre de chine, rehaussés de blanc, sur papier bleu.

HANS-MEELICH

120 — Arabesques avec figures d'amours. A la plume et lavis de bistre, dessin au recto et au verso.

JOUVENET

121 — Gloire d'Anges. Au lavis de bistre et sanguine.

LAFAGE (R. DE)

122 — Bacchanale. Dessin en forme de frise. A la plume et lavis d'encre de Chine.

LAGRENÉE

123 — Toilette de Vénus. Dessin en forme de frise. A la plume et lavis de bistre.

LA JOUE

124 — Cartouches avec architecture au milieu. Deux dessins au lavis d'encre de chine.

LA RUE (DE)

125 — Nymphes et amours. Trois dessins au lavis d'encre de Chine.

126 — Jeux d'enfants. Suite de onze dessins représentant les mois de l'année. A la plume et lavis de bistre.

LALONDE

127 — Dessins d'une chaise à porteurs. A la plume et lavis d'encre de Chine.

LAVALÉE-POUSSIN

128 — Arabesques. Trois beaux dessins au crayon noir et encre de chine.

LE BLOND (J.-B. A.)

129 — Mascaron. Au crayon noir, rehaussé de blanc.

LENORMAND

130 — Vases. Deux sujets sur une même feuille. Au lavis d'encre de Chine.

LOIR

131 — Table avec deux figures de Syrènes. A la plume et lavis d'encre de Chine et de bistre.

132 — Frises avec corps de femmes finissant en rinceaux d'ornement. Deux dessins au lavis d'encre de Chine.

LUCAS (J.-F.)

133 — Dessins de formes nouvelles pour les trois pièces qui composent la garniture des fusils. A la plume et encre de Chine.

MANSART

134 — Porte d'entrée du Palais-Royal; en haut, les armes du duc d'Orléans. Au lavis d'encre de Chine et aquarelle.

MATHIAS

135 — Fleuron où est représenté le char d'Apollon. A la plume et lavis de bistre.

MEISSONIER (J.-A.)

136 — Canapé exécuté pour M. le comte de Bielenski, grand maréchal de la couronne de Pologne, en 1735. Très beau dessin au lavis d'encre de Chine et d'aquarelle ; a été gravé par Huquier dans l'œuvre de Meissonier.

MERIAN (G.)

137 — Vase, sur la panse, des enfants et un jeune satyre. A la plume et lavis d'encre de Chine. Signé G. M.

MITELLI

138 — Cartouches. Quatre beaux dessins à la plume.

139 — Cartouches avec attributs religieux et civils. Quatorze dessins à la plume et lavis d'indigo.

140 — Décorations pour plafond. A la plume et lavis d'indigo.

NILSON

141 — Armoiries soutenues par la Renommée. A la plume et lavis de bistre.

142 — Cartouches avec figures. Trois dessins au lavis d'encre de Chine, rehaussés de blanc.

NOVELLI

143 — La Force sur un char traîné par des dieux marins. A la plume et lavis d'encre de Chine.

OUDRY (J.-B.)

144 — Panneau décoratif pour un traîneau où sont représentés deux sujets des Fables de La Fontaine. Au lavis d'encre de Chine.

PALLIÈRE (A.-J.)

145 — Figures allégoriques. Trois dessins au crayon noir.

PERARD (Balthasar)

146 — Catafalque pour un personnage de la noblesse. Beau dessin à la plume avec lavis d'encre de Chine et de bistre.

PETITOT

147 — Vases représentant les Éléments. Suite de quatre dessins à la plume.

PILLEMENT

148 — Chinoiserie. Aquarelle.

PINEAU

149 — Modèle de table. A la plume et lavis d'encre de Chine.

POUSSIN (N.)

150 — Portique d'un palais. A la plume et lavis de bistre.

PRIEUR

151 — Panneau décoratif avec porte et fenêtre. A la Plume.

152 — Arabesque. Au lavis d'encre de Chine et d'aquarelle.

153 — Arabesques. Trois dessins à la plume et lavis d'indigo

154 — Ornements, formés de Fleurs et Feuillages. Deux dessins au lavis de bistre, rehaussés de blanc.

155 — Porte de Ville. Beau dessin au lavis d'encre de Chine.

PRUD'HON (Attribué à)

156 — Figures allégoriques pour décoration de papiers peints. Au lavis d'encre de Chine, rehaussé de blanc.

157 — Brûle-Parfums. Beau dessin au crayon noir.

PUGET (P.)

158 — La Justice et la Prudence. Deux dessins à la plume et lavis de bistre.

RANSON

159 — Porte, — Poêle et Décorations d'intérieur d'appartement. Trois dessins à la plume.

160 — Arabesques. Trois sujets sur une même feuille. Au lavis d'aquarelle.

RASP (J.)

161 — Bijoux, — Aigrettes, — Bracelets, — Ceinturons etc. Quatorze dessins au lavis d'encre de Chine et d'Aquarelle.

SAINT-NON

162 — Lampes antiques, — Trépieds et Instruments de musique trouvés à Herculanum et conservés dans le Museum de Portici. Douze sujets sur une même feuille. Au lavis d'encre de Chine.

163 — Groupe de Vases et Figures de Femmes, pour le *Voyage de Naples*. Au crayon noir et lavis d'encre de Chine.

164 — Vases dessinés d'après l'antique. Pour le *Voyage en Italie* de Saint-Non. Six dessins au lavis de bistre et crayon noir.

165 — Vases et Études d'après l'antique pour le *Voyage de Naples*. Deux dessins au crayon noir.

SOLDINI

166 — Mausolée dans une Église, — Décoration d'Église. Deux dessins au lavis d'encre de Chine et de bistre.

THIÉBEL

167 — Fleurons. Deux dessins à la sanguine.

TORO (J.-B.)

168 — Côté *d'une Chaise à Porteur*. Très beau dessin au lavis d'encre de Chine.

169 — *Panneau du derrière d'une Chaise à Porteur*. Superbe dessin au lavis d'encre de Chine.

TRÉMOLIÈRE

170 — Statue de l'Amitié, entourée de groupes d'Amours. Au crayon noir rehaussé de blanc.

UDINE (J.-d')

171 — Grotesques pour Plafond. A la plume.

172 — Grotesques. Deux dessins à la plume.

VINSAC

173 — Dessins d'orfèvrerie, — Glaces, — Burettes, — Calices, — Pendules, — Soupières, — Aiguières, — Vases, — Théières, — Cafetières, etc. 31 dessins à la plume et crayon noir, lavés d'encre de Chine et de bistre. Ce lot pourra être divisé.

174 — Objets d'Orfèvrerie, — Vases, — Flambeaux, — Aiguières, — Soupières, etc. Seize dessins au crayon et lavis d'encre de Chine et Bistre. Seront vendus séparément.

WITT (De)

175 — Groupes d'Amours. Deux dessins au crayon noir.

WATTIER (Émile)

176 — Le Bal, — Le Concert. Deux dessins pour Éventails. Au crayon noir.

176 *bis* — Sous ce numéro, il sera vendu un fort lot de dessins anciens de toutes les écoles.

ESTAMPES

ADRESSES

177 — Merlen, graveur sur tous métaux et sur pierres fines, d'après Prud'hon ; gravé par Roger. Très-belle épreuve.

178 — Carte-adresse de Langlumé jeune, négociant à Bordeaux, par P. P. Choffart, 1763. Très rare épreuve avant la lettre.

179 — Parfait, Marchand Bijoutier. Au bas, le portrait de Louis XV. Rare.

ADRESSES

180 — Depain, coiffeur de Dames et auteur de ces coiffures, rue de Condé, aux armes d'Artois, vis-à-vis la rue des Cordeliers. Gravé par Chapuy. Épreuve coloriée.

181 — A la Petite Romaine, *Paillard*, Marchand, rue neuve des petits champs, vend toutes sortes de papier etc. Belle épreuve.

182 — Au fidèle Berger, rue des Lombards, n° 46, à Paris. *Desrosiers*, confiseur des menus du Roi. Deux compositions différentes de forme ronde, pour dessus de boîtte ; une est avant toutes lettres, non terminée ; l'autre est gravée par Bovinet. Deux pièces.

183 — Au Singe Violet. *Biennais*, Marchand orfèvre, rue saint-honoré n° 119. Orfèvre de leurs Majestés Impériales et Royales, de leurs Majestés le Roi de Hollande et de Westphalie. — *Biennais*, au Singe violet, rue saint-Honoré, n° 283, à Paris. Deux compositions différentes. Très belles épreuves.

184 — Invitation, Monsieur vous êtes invité de la part du Batonnier à vous trouver le 16 du mois d'octobre en l'Église des R. P. Jacobins, pour assister aux premières vespres qui se diront en la chapelle Saint-Luc, etc. — Carte de Francs-Maçons au dix-huitième siècle. Deux pièces. Belles épreuves.

185 — A la liberté du Commerce, rue de la République, n° 38, vis-à-vis la Préfecture Maritime, à Brest, *Rouilly* ainé, Marchand Bijoutier, horloger. Très belle épreuve.

186 — Frédéric *Simon*, graveur en taille-douce, à Strasbourg, gravé par lui-même. Très belle épreuve.

187 — Au Microscope, quay des Augustins, vis-à-vis le Pont neuf à Paris, *Letellier* ingénieur en optique et Marchand Miroitier, gravé par Leroy. Belle épreuve.

188 — Pillet Marchand Orfèvre et graveur aux Sables, très belle adresse gravée par lui. Rare.

189 — Tribut de la Toilette, Mde. Boivin Marchande, rue saint-Honoré, à la règle d'or.

ADRESSES

190 — A la Croix Blanche, rue Saint-Denis, *Granjean*, Marchand Fourbisseur, etc. à Paris, 1765. Rare.

191 — *Lattré* et son épouse, pour la gravure des plans, etc. Gravé par P. P. Choffard. Très belle épreuve.

192 — A l'Image Sainte-Geneviève, rue Vieille Draperie près le Palais. *Jollivet*, Marchand Ordinaire du Roy et de Monseigneur le Dauphin, vend de très beau papier, etc. Pièce rare.

193 — Billet de visite, où est représentée une jeune femme écrivant son nom sur la porte d'un Palais, gravé en couleur par Guyot, d'après Maréchal et Sergent. Très rare.

194 — *Baltard* architecte dessinateur et graveur, rue Dominique, 239. Gravé par lui. Très belle épreuve.

195 — Rue Saint-Honoré n° 280, vis-à-vis celle du Four. *Laguarigue*, tient ses magasins de Porcelaines, faïences, etc. A Paris. Très belle épreuve.

196 — Aux Quinze-Vingt à Paris ; en haut, les armes du Roi. Gravé par Choffart. Très belle épreuve. Marge.

197 — Lettre d'invitation avec en-tête : Chevalier vous êtes averti de la par du Grand-Maitre et de Messieurs les Officiers de l'Ordre de la caraffe, etc. Pièce rare.

198 — Carte de membre de la Société des arts formée à Paris le 20 Janvier 1730, sous la protectipn de Monseigneur le Comte de Clermont. L'Objet unique de la société était de perfectionner les arts, elle était composée de cinq classes d'associés, une d'honoraires, une d'étrangers, une d'assidus, une de libres et une de répondants. Très rare épreuve avant toutes lettres.

199 — Ballet des Muses. Allégorie pour les menus plaisirs du Roi. Dédié et présenté à Messeigneurs les premiers Gentilshommes de la Chambre de sa Majesté par leur très humble et très obéissant serviteur P. L. Pecquet, Officier du Gobelet du Roi et confiseur ordinaire des menus plaisirs. Pièce très rare et curieuse. Gravé par Louis Le Grand.

ADRESSES

200 — Cartouche avec attributs. Gravé par P. P. Choffard en 1759. Épreuve avant l'inscription au milieu.

201 — Talens et Sagesse, institution des citoyennes Hurard, à Rouen (1793). Prix d'encouragement, gravé par B. L. Prévost. Très belle épreuve, marge.

202 — A l'Ange, *Berty*, rue Saint-Honoré, 157, tient manufacture et magasin de lampes, etc. — *Pellier*, coeffeur, fait des perruques et des caches folies, etc., demeure rue de l'Échelle-Saint-Honoré, n° 11, à Paris. Deux pièces. Très belles épreuves.

203 — Cadre soutenu par deux amours, au-dessus, les attributs des arts. Très belle épreuve.

204 — Encadrements et cartouches pour adresses et cartes de visites du XVIIIe siècle. Dix-neuf pièces.

205 — Rue du Coq-Saint-Honoré, *Cebron*, successeur de M. Bourdier, jouaillier, bijoutier. — Au Ciboire d'or, n° 16, quai Le Pelletier, *Loque*, orfèvre. — A la Clef d'argent, rue Saint-Denis, n° 109, Vve *Bezuchet*, tient un assortiment de soieries. — A la Recherche du Goût, *Beaulard*, chapelier du Lycée..., à Rennes. — Société d'Agriculture, Sciences et arts, etc. Cinq pièces.

206 — Adresses et étiquettes de Pharmacien, aux armes du Roi et du Duc d'Orléans. Deux pièces.

207 — Étrennes de bonne année. Mme *Le Tellier*, rue Meslée, n° 28, fabrique de fleurs, etc. — *Toulouse*, doreur de S. A. R. Mme la Duchesse d'Angoulême, à Paris. — *Pelletier*, graveur, demeurant cour Neuve du Palais. Trois pièces.

208 — Encadrements et cartouches pour cartes et adresses, parmi lesquelles se trouve celui pour l'adresse de Mlle Mauroy, modiste en 1812. Sept pièces avant toutes inscriptions.

209 — A la Flotte d'Angleterre, *Hamelin*, tient magasin d'outils. — *Liaudaud*, distilateur parfumeur à Nice et à Paris, rue

Montorgueil. — *Noel*, marchand d'estampes, rue Saint-Jacques, n° 16, à Paris. — Cadre sans inscription avec guirlandes de fleurs. — Carte de visite de François Londonio, peintre, etc. Sept pièces.

ADRESSES

210 — Billets d'entrée pour voir l'Automate qui joue aux échecs. — Protection du Commerce, carte de sociétaire. — Bal paré à Versailes pour le Mariage de Mgr le Dauphin. Cinq pièces par Cochin, Ozanne et autres.

211 — En-tête d'un billet de concert, d'après Eisen, par Heudelot. — Billet de concert pour le Bénéfice de M. Giardini, par Bartolozzi, d'après Cipriani, etc. Trois pièces. Très belles épreuves.

212 — Très jolis encadrements pour adresses, cartes de visites et frontispices. Neuf pièces avant toutes inscriptions.

213 — *Briard*, parfumeur, étiquettes. — A la Flotte d'or, *Macé frères*. — Adresse avant la lettre, pour marchand de literies. — Cartes de visites, etc. Neuf pièces en grande partie avant les inscriptions.

214 — Cartes de visites et ex-libris de M. Saulot de Bosquin, fermier général. — La comtesse Potocka. — Billet d'entrée pour le salon des Muses, etc. Treize pièces.

215 — Frontispice avec deux amours portant un drapeau. — Cartouche avec armoiries anglaises. Deux pièces. Épreuves avant toutes lettres.

216 — Messieurs les amateurs de la peinture sont avertis qu'on trouve de nouveau chez le sieur Maurez..., à Berne, des couleurs assorties, etc. Gravé par Dunker. Belle épreuves.

217 — Fabrique d'Antoine *Guerrier* à Lion. — Jean *Hubert*, marchand à Paris, etc. Trois pièces gravées par Thourneyser. Belles épreuves. Rares.

218 — Encadrement pour le frontispice de *Lucrèce*. Épreuve avant toutes lettres. Grandes marges.

219 — Solennité des Mariages, par Cochin. — Armoiries et chiffres, etc. Six pièces. Très belles épreuves.

ADRESSES

220 — Fleurons, ex-libris, carte de visite. — Médaille des sciences médicales, etc. Sept pièces gravées par Choffart et autres.

221 — Billets d'invitation, adresses, cartes de visites, etc. Sept pièces, eaux-fortes et lithographies.

ANONYME (XVIIe SIÈCLE)

222 — Décorations pour argenterie. Gravées au trait. Deux pièces. Rares.

ANONYME (XVIIIe SIÈCLE)

223 — Soupières. Deux pièces.

ARIVET

224 — Cartouches et encadrements, gravés par Moithey l'aîné. Cinq pièces. Très belles épreuves.

AUBERT, PRIEUR ET LUCOTE

225 — Arabesques et objets d'orfèvrerie. Vingt-deux pièces. Belles épreuves.

BABEL

226 — Fleurons et En-têtes de pages. Sept pièces. Belles épreuves. Marges.

227 — Cadres pour miroirs. Fontaines. Cinq pièces dont trois avant la lettre.

BABEL, DUVIVIER ET SALY

228 — Cartouches, Casques, Tombeaux et Frises. Seize pièces. Belles épreuves.

BATISTE

229 — Bouquets de fleurs. Trois pièces imprimées en sanguine.

BEATRIZET (NICOLAS)

230 — Monuments de Rome. Cinq pièces. Belles épreuves.

BEHAM (H.-S.)

231 — Les deux Génies. 1544 (B., 236). Belles épreuves.

BELLA (S. DELLA)

232 — Nouvelles inventions de cartouches. Douze pièces.

233 — Cartouches gravés par F. Collignon. Douze pièces. Belles épreuves.

BELLAY

234 — Écrans. Huit pièces imprimées sur quatre feuilles. Belles épreuves.

BERAIN (J.)

235 — Balcons, Rampes d'escalier et Arabesques. Six pièces.

236 — Comodes, Lustres, Vases, etc. Quatre pièces. Très belles épreuves, marges.

237 — Arabesques. Neuf pièces. Belles épreuves.

238 — Arabesques. Six pièces. Très belles épreuves, marges.

239 — Arabesques. Trois pièces. Très belles épreuves, marges.

240 — Arabesques. Cinq pièces. Très belles épreuves, marges.

241 — Desseins de cheminées dediez à M. Jules Hardoin Mansard... gravées par Scotin l'aîné. Douze pièces. Très belles épreuves.

242 — Dix pièces doubles des suites précédentes. Belles épreuves.

BERTHAULT

243 — Livre de différents trophées représentant l'Amour des Arts. Quatre pièces d'après Fossier. Belles épreuves.

BLONDEL

244 — Décoration de l'hôtel de M. et de Mme Rouillé. Six pièces. Très belles épreuves avec marge.

BONNET (L.)

245 — Vases ou Fontaines. Deux pièces gravées en sanguine. Épreuves avec marges.

BOUCHER (d'après)

246 — Tombeaux des hommes illustres de la Grande-Bretagne. Suite de quatre pièces, cartouches ornés de figures allégoriques. Mises au jour par les soins de Eugène Mac Swini. Gravées par Aubert, Beauvais, Cochin et Laurent Cars. Très belles épreuves. Rares.

247 — Recueil de Fontaines inventées par F. Boucher, peintre du Roi. Cahier de six feuilles. Plus, quatre pièces d'une autre suite de Fontaines. En tout dix pièces.

248 — Cartouches avec figures allégoriques. Deux pièces en en largeur gravées par Huquier. Très belles épreuves.

249 — Cartouches avec figures allégoriques, gravés par Huquier. Cinq pièces. Très belles épreuves avec marges, une est double, avant l'adresse d'Huquier. En tout six pièces.

250 — Frontispice de l'ouvrage des croquis de Watteau. Belle épreuve.

251 — Les Saisons, suite de quatre pièces gravées par L. Larue. Très belles épreuves.

252 — La Sculpture, — La Musique, — L'eau. Trois pièces gravées par Huquier et La Rue. Belles épreuves.

253 — Les Amours folâtres, — L'amour vendangeur, — L'amour sur les eaux. Trois pièces gravées par Aveline Fessard et Le Vasseur. Très belles épreuves, marge.

254 — Triomphe de Priape, — Pastorale. Deux panneaux arabesques gravés par Duflos et Huquier. Belles épreuves.

255 — Recueil de fontaines inventées par F. Boucher, peintre du Roi. Sept pièces gravées par Huquier, toutes marges.

BOUCHER ET WATTEAU (D'après)

256 — Sujets Chinois, — La Pèlerine altérée etc. Quatre pièces gravées par Huquier. Belles épreuves.

BOUCHER FILS

257 — Arabesques et meubles. Vingt-neuf pièces. Très belles épreuves.

258 — Cinquième cahier d'arabesques composés et gravés par F. Boucher. Suite de six pièces. Très belles épreuves.

259 — Portes et décorations d'appartements. Cahiers vingt-sixième et quarantième de l'œuvre. Douze pièces à toutes marges.

BOYVIN (RENÉ)

260 — Huit pièces tirées de l'*Histoire de Jason et de la conquête de la toison d'or* Belles épreuves.

261 — Deux Salières de front. (R. D., 173). Très belles épreuves.

262 — Sujets mythologiques. Cinq pièces. Belles épreuves.

BRINCLAIRE (Mlle)

263 — Guichets des croisées de Clagny et des Thuileries. Suite de quatre pièces d'après R. L. Très belles épreuves, marges.

BRISVILLE (H.)

264 — Diverses pièces de serrurerie inventées par Hugues Brisville, maître serrurier à Paris, et gravées par Jean Berain, et se vendent chez l'auteur... 1662. Suite complète de quatorze pièces. Très belles épreuves, avec marges.

265 — Les dix premières pièces de la même suite.

BRUYN (N. DE)

266 — Grotesques avec cartouches au milieu, — Frises d'amours. Cinq pièces. Très belles épreuves.

BRY (J.-TH. DE)

267 — Fonds de coupes, avec portraits d'empereurs Romains. Quatre pièces. Très belles épreuves.

268 — Trois pièces doubles des précédentes. Superbes épreuves.

BRY (J.-TH. DE).

269 — Fond de coupe ; au milieu, la Charité. Très belle épreuve.

270 — Fond de coupe ; au milieu, le Capitaine Prudent. Très belle épreuve.

271 — Fond de coupe ; au milieu, le Buste du Capitaine des folies. Très belle épreuve.

272 — Fond de coupe ; au milieu, l'Orgueil et Folie. Superbe épreuve.

273 — Agrafes pour ceinturons. Trois pièces. Belles épreuves.

274 — Manches de couteau, — Porte-clefs et ceinturons. Neuf pièces. Très belles épreuves.

275 — Manches de couteaux. Deux sujets sur une même feuille, sur l'un sont représentés Adam et Eve. Très belle épreuve.

276 — Manches de couteaux. Quatre pièces dont deux doubles de la pièce précédente. Belles épreuves.

277 — Moitié d'un fond de coupe. Au milieu, le mot : Avaritia. Belle épreuve.

278 — Armoiries et costumes. Dix pièces.

CASTELLUS (B.)

279 — Bordures et Ornements antiques. Cinq pièces gravées à la sanguine par Lucien et L. Brinclaire. Belles épreuves.

280 — Miroirs et cartouches. Seize pièces gravées par C. Congius. Très belles épreuves.

CAUVET

281 — Son œuvre en cinquante-deux planches dans un vol. in-folio. Sont ajoutées à ce volume : les quatre saisons en hauteur d'après Watteau, cinq pièces gravées à la sanguine d'après Boucher, et cinquant-deux pièces, ornements divers, d'après Salembier, Oppenort, Prieur, Delafosse, Jacques, etc. Ensemble cent vingt pièces.

282 — Vases. Suite de vingt pièces imprimées à deux sur une même feuille. Belles épreuves, marge.

CHARMETON

283 — Décorations pour plafonds. Quatres pièces. Belles épreuves.

CHEREAU (Chez F.)

284 — Fontaines. Suite de quatre pièces représentant les éléments. Très belles épreuves.

CHOFFARD (P.-P.)

285 — Livre d'écussons et cartels, dessinés par P. P. Choffard. Six pièces.

286 — Fleuron au chiffre du Roi. 1765. Epreuve avant la lettre.

287 — Fleuron avec armoiries d'un cardinal, d'après Monnet. Epreuve avant la lettre.

288 — Deuxième suite de culs-de-lampes et fleurons inventés et dessinés par M. Bachelier, peintre du roi, et gravés par P. P. Choffard. Suite de sept pièces, plus le titre de la première suite, en tout huit pièces. Très belles épreuves.

289 — Premier cahier de cartouches dessinés par P. P. Choffard. suite de six pièces. Très belles épreuves, marges.

290 — Encadrement pour le titre de *Lucrèce*. Très rare épreuve avant toute lettre, grande marge.

CHOFFARD ET LEBARBIER

291 — Fleurons pour le *Voyage* de Saint-Non, — Vases et médaillon entouré de roses, posé sur une colonne, gravé par Kirschner. Quatre pièces. Belles épreuves.

COLLAERT (A.)

292 — Bijoux, broches et pendants d'oreilles etc. Douze pièces. Très belles épreuves.

293 — Les travaux d'Hercule, suite de douze pièces de forme ovale. Belles épreuves, rares.

294 — La Terre et l'Eau. Deux pièces de forme ronde, pour fond de coupes.

CREPY (A Paris, chez)

295 — Premier Cahier de différents vases des païs nouveaux 1768. Suite de six pièces imprimées en rouge, marges.

CRUYCEN (L.-V.-D.)

296 — Bijoux divers à plusieurs sujets sur une même feuille. Douze pièces. Belles épreuves.

297 — Ouvrages de Jouaillerie et Bijouterie. Neuf pièces. Superbes épreuves, grandes marges.

CUVILLIÉS (F. DE)

298 — Lambris, Plafonds et Rampes d'escaliers. Six pièces. Très belles épreuves.

DAUDET (A Paris, chez)

299 — Encadrement et Dessins pour étoffes. Cinq pièces coloriées.

DAUMONT (Chez)

300 — Dessin de buffet, nécessaires aux sculpteurs et menuisiers de même qu'à ceux qui veulent se perfectionner dans le dessin. Cahier de quatre feuilles faisant suite aux meubles de Delafosse (cahier O). Très belles épreuves. Toutes marges.

DELAFOSSE

301 — Les parties du monde, — Cartels et Ecussons. Onze pièces de l'*Iconologie*, toutes marges.

302 — Vases Antiques. Cahier de six feuilles, — Tombeaux. Cahier de six feuilles. En tout, douze feuilles à toutes marges.

303 — Gaines et Frises, dix-huit pièces. Belles épreuves.

304 — Chaires d'Eglises, — Trophées, — Cartouches, etc. Vingt-sept pièces. Belles épreuves.

305 — Premier, troisième, quatrième et sixième Livres de Trophées, inventés et dessinés par J. C. De La Fosse. Vingt et une pièces. Très belles épreuves. Grandes marges.

DELAFOSSE

306 — Lits. Six pièces des cahiers CC, D. et G. Très belles épreuves.

307 — Cahier de Poêles, Piédestaux, Athéniennes et Frises. Cahier II de la 2e partie de l'œuvre. Quatre pièces. Très belles épreuves.

308 — Chandeliers d'Eglise, — Cahier de Lampes, — Encensoirs et Cassolettes. Cahiers FF et GG de la 2e partie de l'œuvre de Delafosse. Neuf pièces. Belles épreuves. Marges.

309 — Chambranles de cheminées dans le goût antique. Cahier X de la suite des meubles. Quatre pièces à toutes marges.

310 — Lits. Suite de quatre pièces du cahier G. Très belles épreuves. Grandes marges.

DIVERS

311 — Ornements par de Bry, — Jacquart, Drusse, — Delaune et Flamen. Onze pièces.

312 — Arabesque et Décoration d'un salon, etc. Trois pièces, par Watteau et Meissonnier. Belles épreuves.

313 — Frises et Arabesques. Trois pièces de l'école Italienne et Allemande. Belles épreuves.

314 — Ornements et Meubles, par Haberman et autres. Sept pièces.

315 — Ornements divers, — Trophées, etc. Neuf pièces.

316 — Fleurons, Arabesques et Armoiries etc. Treize pièces par Babel, Cochin, Humblot, Eisen et Saint-Aubin.

317 — Fleurons et Frises, par Delafosse et S. Le Clerc, Choffart etc. huit pièces.

318 — Titres et Frontispices, par Marillier, Roussel, Petitot, etc. Sept pièces.

319 — Tables et Arabesques. Douze pièces par Pineau, Desrais, Queverdo et Cauvet.

DIVERS

320 — Trophées, — Fleurs, — Chiffres et Voiture. Sept pièces par Berthault, Saint-Aubin et Chopart.

321 — Fleurons, — Arabesques et Cartouches. Huit pièces par Choffard, Michel, Huet, Poilly et Babel.

322 — La Terre, — L'Amérique, — L'Afrique, — La Culbute, — Le Cercle et le Bilboquet, — Fleurons etc. Huit pièces par Marc Gérard et autres. Huit pièces.

323 — Meubles et Ornements divers, par Delafosse, Pineau, Boucher, Salembier, etc. Seize pièces.

324 — Fleurs, par Pillement, Carle, Tessier, Pariset, Salembier, etc. Vingt-quatre pièces.

325 — Ornements du XVIe siècle, par Silvius, Collaert, J. Clerc, N. de Bruyn, Vauquer. Treize pièces.

326 — Vases, par Marot, Petitot, Toro et Jacque. Neuf pièces.

327 — Armoiries et Ornements divers, par Lepautre, Le Canu, et autres. vingt et une pièces.

328 — Titres de Livres du XVIe siècle, gravés sur bois. Treize pièces. Belles épreuves.

329 — Meubles et Ornements divers, par Boucher, Berain, etc. Cinquante-cinq pièces.

330 — Vases, par Saly, Petitot et S. Challe. Sept pièces.

331 — L'Amour porté par les Grâces, — Cartouches et Encadrements, — Titres, etc. Six pièces, par Queverdo, Eisen, Babel et Choffart.

332 — Fontaines, — Cartouches, — Arabesques et Vases. Huit pièces.

333 — Cheminée, — Plafond, — Entrée d'une antichambre, — Frises de Nymphes et Tritons. Six pièces par Brebiette, S. Leclerc, Blondel et Petitot.

334 — Recueil d'Armoiries, — Fleurons, — Emblèmes, etc. 1 vol. in-fol. Contenant quatre cent vingt pièces diverses.

DIVERS

335 — Intérieurs d'appartements, par Boulenger, Cuvillié, Mansart, de Puisieux, et Poilly. Huit pièces. Très belles épreuves.

335 *bis* — Trophées, — Fleurs et Arabesques. Onze pièces, par Mathey, Boucher, Watteau et autres.

335 *ter* — Fleurs, — Meubles, — Arabesques, etc. Quarante pièces, par La Joue de Neufforge, A. Bosse et autres.

DUCERCEAU (J. Androuet)

336 — Arabesques ou Grotesques, grandes et petites. Cent vingt-six pièces.

337 — Grotesques ou grandes Arabesques. Douze pièces. Très belles épreuves.

338 — Vases. Cinq pièces. Belles épreuves.

DUGOURE

339 — Arabesques inventés et gravés par I. D. Dugoure, 1782. Cinq pièces avec marges.

DUPLESSIS (d'après)

340 — Vases, 2e suite. Quatre pièces. Très belles épreuves. Marges.

341 — Première suite de vases composés par Duplessis fils. Six pièces. Belles épreuves.

ÉCOLE ITALIENNE DU XVIe SIÈCLE

342 — Statues d'après l'antique, — La Pêche, — Un Sacrifice, etc. Onze pièces. Belles épreuves.

ÉCOLE FRANÇAISE DU XVIIe SIÈCLE

343 — Alphabet, composé de figures et d'animaux. Vingt-deux pièces. Très belles épreuves. Toutes marges.

ÉCOLE FRANÇAISE DU XVIIIe SIÈCLE

344 — Fleurons. Trois pièces.

345 — Vases. Seize pièces.

EISEN (Ch.)

346 — Bibliothèque de Mme la Dauphine. — Fleuron gravé par Fokke. Deux pièces. Belles épreuves.

EISEN (d'après)

347 — Spectacle des Vertus, des Arts et des Sciences. Quatre pièces gravées par François. Belles épreuves.

348 — Fleurons représentant les Saisons. Quatre pièces.

349 — Fleurons et Culs-de-lampe. Suite de huit pièces publiées chez Daumont. Belles épreuves.

FAY (J.-B.)

350 — Cahier de Bijouteries dans le goût moderne, comme Boîtes, Pommes de Cannes, Bagues, Cachets, Boucles d'oreilles, etc. Dessinés et gravés par Fay. Six pièces à toutes marges.

351 — VIIe cahier d'arabesques. Six pièces, publiées chez Mondhare.

352 — IXe cahier d'arabesques et bordures. Six pièces avec marges.

FIRENS (excudit)

353 — Cartouches et Écrans. Six pièces.

FORTY

354 — Flambeaux. Cinq pièces du cahier B de l'Œuvre.

355 — Bras de Cheminées, gravés par Colinet. Trois pièces du cahier E. Très belles épreuves. Marges.

356 — Cahier de Girandoles à l'usage des orfèvres et des fondeurs. Quatre feuilles du cahier A.

FRAGONARD (d'après)

357 — Fragments choisis dans les peintures et les tableaux les plus intéressans des palais et des églises de l'Italie. Troisième suite. Bologne. Dix pièces, gravées par Saint-Non. Très belles épreuves.

FRAGONARD (d'après)

358 — Bas-Reliefs, — Vases, — Statues, etc., d'après les monuments antiques d'Italie, gravés à l'eau-forte par Saint-Non. Douze pièces. Belles épreuves.

GOLTZIUS (d'après H.)

359 — Pallas, Vénus et Junon. Trois pièces gravées par Saenredam. (B., 62-64.) Très belles épreuves.

GUILLEMOT

360 — Le Jugement dernier de Michel-Ange Buonarotti, accompagné d'un texte explicatif et historique, dessiné d'après l'original, lithographié et publié par M. Guillemot.

GUYOT

361 — Arabesques utiles aux jeunes artistes, d'après Berthelot. Le Clerc, Voisin, Lavallée-Poussin, etc. Vingt-huit pièces.

HOLLAR (W.)

362 — Cafetière. Très belle épreuve. Rare.

HOPFER (J.)

363 — Trois dessins de vases. (B., 70.) Très belle épreuve avant le numéro.

HOPFER (H.)

364 — Trois bandes offrant des rinceaux d'ornemens. (H., 112.) Bonne épreuve.

HUET (d'après J.-B.)

365 — Ornements, Frises, Vases, etc. Dix pièces imprimées en sanguine.

HUET ET HILAIRE

366 — Fleurons tirés du *Voyage* de Saint-Non. Quatre pièces.

HUQUIER

367 — Grand cartouche pour frontispice de livre. In-folio. Épreuve avant toutes lettres.

JACQUART (A.)

368 — Poignées d'épées. Deux pièces. Très belles épreuves.

JACQUE

369 — Panneaux décoratifs formés d'arbres et de ruines. Cinq pièces imprimées à la sanguine. Toutes marges.

370 — Vases nouveaux composés par M. Jacque, peintre et dessinateur à la Manufacture royale des Gobelins. Six pièces à toutes marges.

371 — Vases nouveaux composés par M. Jacque, peintre et dessinateur en la Manufacture royale des Gobelins, gravés par Rousselet et Tardieu. Six pièces. Très belles épreuves, Toutes marges.

372 — Les Éléments. Suite de quatre pièces gravées par Huquier. Très belles épreuves coloriées.

JACQUINET

373 — Plusieurs models des plus nouvelles manieres qui sont en usage en l'art d'Arquébuzerie avec ses ornements les plus convenables. Le tout tiré des ouvrages de Thuraine et le Hollandois, Arquebuziers ordinaires de Sa Majesté, et gravé par C. Jacquinet, et se vend le present livre chez les Autheurs avec privilège. 1660. Suite de douze pièces dont un titre. Très belles épreuves d'une suite très rare.

374 — Arquebuserie inventée par Marcou, 1657, et gravée par Jacquinet. Treize pièces. Très belles épreuves. Rare. Sans titre.

JANINET (F.)

375 — Boutons. Quatre-vingt-quatorze sujets imprimés sur deux feuilles. Superbes épeuves. Très rares.

376 — Médailles d'après l'antique. Quinze sujets sur une même feuille. Superbe épreuve. Très rare.

LA JOUE (d'après J.)

377 — L'Architecture, — La Sculpture, — L'Histoire, — La Botanique, — La Pharmacie, — La Peinture, — La Musique. Sept pièces gravées par Cochin et Tardieu. Très belles épreuves. Grandes marges.

LALONDE

378 — Cahier de Pieds de meubles à divers usages. Gravés par Le Meunié. Six pièces. Toutes marges.

379 — Bordures, Cadres, Meubles et Trophées. Sept pièces. Belles épreuves.

380 — Premier, Troisième et Quatrième cahiers de Meubles et d'Ébénisteries, dessinés par Lalonde, gravés par de Saint-Morien. Dix-huit pièces formant trois cahiers complets. Très belles épreuves.

381 — Grilles d'hôtels, de jardins, etc. — Grilles pour les chapelles de communion, etc. Huit pièces gravées par de Saint-Morien et Chapuy. Belles épreuves.

LE BAS

382 — Dessus de portes. Deux pièces. Belles épreuves, marges.

LEBRUN (d'après)

383 — Fontaines du parc de Versailles. Deux pièces.

LE PAUTRE

384 — Portes à placard et lambris, dessinés par le sieur Mansard, et nouvellement exécutées dans quelques maisons royales, etc. Cinq pièces. Belles épreuves.

385 — Intérieurs d'églises et trophées. Douze pièces.

LESPINE (De) excudit

386 — Termes dans le parc de Versailles. Grande pièce en largeur. Belle épreuve.

LUTMA

387 — Médaillons avec sujets mythologiques sur une même feuille. Rare.

MAITRE ANONYME ALLEMAND DU XVIe SIÈCLE

388 — Rinceau d'ornement en largeur, formé de fleurs, feuillages et oiseaux. Superbe épreuve. Très rare.

MARCUCCI (J.)

389 — Cartouches, mascarons, encadrements, etc. Dix-huit pièces. Très belles épreuves. Rares.

390 — Cartouches avec emblèmes, vases, etc. Huit pièces. Belles épreuves.

MARIETTE ET PINEAU

391 — Décorations de cheminées pour appartements et galeries. Six pièces. Très belles épreuves, marges.

MARILLIER (d'après)

392 — Fleurons tirés de la Secchia Rapita. Douze pièces.

MASQUELIER

393 — Lulli et Piccini, représentés en regard l'un de l'autre sur une même planche. Très rare épreuve à l'état d'eau-forte, marge.

394 — Entête de page au chiffre du Roi, 1781. Deux épreuves, dont une très rare à l'état d'eau-forte.

MEISSONIER (J.-A.)

395 — Titre de l'œuvre, gravé par P. Aveline. Épreuve avant la lettre.

396 — Plan de la maison du sieur Brethous avec ses environs, par J. A. Meissonier, architecte-dessinateur. Neuf pièces. Très belles épreuves, marges.

397 — Livre d'ornements, inventés et dessinés par J.-O. Meissonier, architecte-dessinateur de la chambre et cabinet du Roi. Sept pièces. Belles épreuves, marges.

398 — Chandeliers de sculpture en argent, gravés par Desplaces. Trois pièces. Belles épreuves.

MEISSONIER, OPPENORT ET DELAFOSSE

399 — Cheminée, bordures et meubles. Six pièces.

MICHEL

400 — Deuxième cahier d'arabesques à l'usage des artistes. Six pièces gravées par Juillet. Belles épreuves.

MITELLI

401 — Cartouches. Suite de douze pièces dont un titre. Très belles épreuves.

402 — Cartouches, arabesques, frises, etc. Suite de vingt-quatre pièces, dont un frontispice, gravés à l'eau-forte. Très belles épreuves, marges.

MONCORNET ET MAROT (D.)

403 — Bijoux et grotesques. Sept pièces. Belles épreuves.

MONDHARE (Chez)

404 — Premier cayer de trophées utiles à toutes sortes d'ouvrages. Cinq pièces. Belles épreuves, marges.

MOREAU (d'après J.-M.)

405 — Louis XV, répertoire de Fontainebleau, 1770, gravé par Ponce. Très belle épreuve avant l'inscription dans le milieu.

MOSYN (M.)

406 — Les Elements. Suite de quatre pièces in-fol., d'après Holsteyn. Très belles épreuves.

NICOLET

407 — Fleuron pour un livre in-fol. Epreuve avant la lettre.

NIELLES

408 — Fragments d'ornements et autres. Trente-trois pièces.

OPPENORD

409 — Livre de différentes décorations d'appartements, par G.-M. Oppenort, gravé par Huquier, n°s 108 à 113 de l'œuvre. Six pièces. Superbes épreuves, toutes marges.

OPPENORT ET MEISSONIER

410 — Cinquième suite des études de G.-M. Oppenort, architecte. — Livre d'ornemens, inventés et dessinés par J.-O. Meissonier. Six pièces à deux sujets sur chaque feuille. Très belles épreuves, toutes marges.

ORTELLI (Abraham)

411 — Deorum dearumque capita ex vetustis numusmatibus in gratiam Antiquitatis studiorum effigiata et edita. Anterpiœ 1573. Vingt-six pièces. Belles épreuves.

PANIER (A.)

412 — Recueil de différents vases. — Recueil de vases ou fontaines. Huit pièces de deux cahiers différents, imprimées à la sanguine.

PAUQUET ET **SCHULTZE**

413 — Fleuron, où sont représentés Minerve et Jupiter. Épreuve à l'état d'eau-forte. — Frontispice pour un livre sur les arts. Épreuve avant la lettre. Deux pièces.

PICART (H.)

414 — Frises formées de feuillages et animaux. Six pièces. Très belles épreuves.

PICART (B.)

415 — Vignettes et culs-de-lampe pour les œuvres de Fontenelle, édition in-fol. Vingt-neuf pièces. Très belles épreuves tirées hors texte.

PILLEMENT

416 — Cahier de six baraques chinoises, inventées et dessinées par Jean Pillement. Six pièces gravées par Deny. Toutes marges.

417 — Recueil de différentes fleurs de fantaisie dans le goût chinois, propre aux manufactures d'étoffes de soie, etc. Gravé par P.-C. Canot. Huit pièces.

418 — Fleurs. Six pièces coloriées. Très belles épreuves, marges.

419 — Fleurs persannes, inventées, dessinées et gravées à l'eau-forte par Jean Pillement. — Cahier de cartels chinois, gravées par J.-J. Avril. Six pièces de deux cahiers. Très belles épreuves.

PILLEMENT

420 — Recueil de fleurs chinois et autres propres à plusieurs usages, inventé et dessiné par Jean Pillement, et gravé par P.-C. Canot. Six pieces. Très belles épreuves.

421 — A New Book of Chineese ornaments invented et Engraved by J. Pillement, 1755. Quatre pièces. Belles épreuves.

PINEAU

422 — Nouveaux desseins de lambris, inventés par le sieur Pineau, architecte. Six pièces. Belles épreuves.

423 — Tables. Quatre pièces. Belles épreuves.

POILLY (excudit)

424 — Trophées propres pour ceux qui s'exercent à découper. — Livre de frises, inventé et gravé par A. Ducerceau. Seize pièces coloriées.

PRIEUR

425 — Dixième cahier d'arabesques, gravés par Fay. Six pièces, marges.

QUEVERDO (d'après)

426 — Premier et deuxième cahier de petits trophées. Douze pièces imprimées sur six feuilles. Très belles épreuves, marges.

427 — Trophées. Suite de six pièces, gravées par Martinet. Très belles épreuves avec marges.

RANSON

428 — Ier et IIe cahiers de décorations d'appartements, dessinées par Ranson et gravées par Juillet. Suite de douze pièces grand in-fol. en largeur, publiées chez les Campion frères. Très belles épreuves.

429 — IXe cahier d'ornement pour la boiserie d'appartement, dessinées par Ranson et gravées par Juillet. Six pièces. Très belles épreuves, marges.

430 — IXe cahier d'ornement pour la boiserie d'appartement, gravées par Juillet. Quatre pièces à toute marge.

RANSON

431 — Xe Cahier d'ornements pour la boiserie d'appartement. Dessiné par Ranson et gravé par Juillet. Six pièces. Très belles épreuves.

432. — XIIe Cahier d'Ornement pour la boiserie d'appartement. Dessiné par Ranson et gravé par Juillet. Six pièces. Très belles épreuves.

433 — Décorations de Boiseries pour intérieur d'appartement. Septième cahier. Cinq pièces à toutes marges, manque le numéro 1.

434 — Première suite de différents attributs. Trophées et groupes de fleurs. Six pièces gravées par Berthault

435 — Deuxième suite de différens attributs, Trophées et Groupes de fleurs. Six pièces gravées par Voysard. Belles épreuves.

436 — Deuxième suite de différents attributs. Trophées et Groupes de fleurs. Six pièces gravées par Voysard, toutes marges,

437 — Troisième cahier de Trophées militaires, gravées par Voysard. Six pièces. Belles épreuves.

438 — Quatrième Cahier de Groupes de fleurs et attributs pastorales. Six pièces gravées par Voysard. Belles épreuves.

439 — Sixième suite de Trophées de chasse par Ranson. Six pièces gravées par Voysard. Toutes marges.

440 — Huitième cahier. (Trophées). Six pièces gravées par Voysard. Belles épreuves.

441 — Dixième Cayé de fleurs et vases. Six pièces gravées par Voysard. Toutes marges.

442 — Trophées. Douzième cahier. Six pièces gravées par Voysard. Belles épreuves.

443 — Quinzième cahier de Trophées de l'œuvre de Ranson, gravés par Berthaut. Belles épreuves, toutes marges.

444 — Vingtième cahier d'Attributs et Trophées de l'œuvre de Ranson. Six pièces gravées par Berthaud. Belles épreuves.

RANSON

445 — Cahier de Vases et Fleurs, gravé par Voysard. Six pièces.

446 — Quatrième cahier de Groupes de fleurs d'ornements et Trophées pour la décoration dessinés par Ranson et gravées par Berthault. Six pièces. Très belles épreuves, marges.

447 — Livre de Trophées des arts et sciences. Dans un nouveau goût, inventés et dessinés par Ranson, peintre décorateur. Treize pièces. Très belles épreuves.

448 — Chiffres, gravés par Voysard. Sept pièces. Très belles épreuves.

449 — Fleurs et attributs. Douze pièces. Très belles épreuves, marges.

450 — Cahier de Trophées. Gravé par Voysard. Cinq pièces.

451 — Trophées, Bouquets de fleurs, etc. Treize pièces de divers cahiers.

ROMAIN (d'après J.)

452 — Coupes montées et vases. Neuf pièces gravées par Vander Borcht. Très belles épreuves. Rares.

SADELER

453 — Passio Verbigenœ quæ nostra Redemptio Christi... Douze pièces de forme ovale, dont un titre. Belles épreuves.

SAINT-AUBIN

454 — Premier et deuxième recueils de chiffres, inventés par de Saint-Aubin, dessinateur du Roi, gravés par Marillier. Treize pièces publiées chez la veuve de F. Chereau. Très belles épreuves. Rares.

SAINT-AUBIN (De)

455 — Choux de Suède, — Jacinthe et Grenadille. Deux pièces. Belles épreuves.

SALEMBIER

456 — Cahier d'Arabesques composés et gravés par Salembier, 2e cahier de l'œuvre. Six pièces. Très belles épreuves.

457 — La même suite. Épreuves sans marge.

SALEMBIER ET PILLEMENT

458 — Frises d'ornements et fleurs. Sept pièces. Belles épreuves.

SALY (J.)

459 — Vases. Suite de Trente pièces et un titre. Le n° 7 est rogné, mais en épreuve d'essai, non terminé. En 1 vol. in-4°, demi-rel. mar. rouge.

460 — Vases. Huit pièces, à toutes marges.

SIMONIN

461 — Plusieurs pièces et ornements d'arquebuzerie les plus en usage, tiré des ouvrages de Laurent le Languedoc, Arquebuziers, et dautres Ornement inventé et gravé par Simonin et se vend le dit livre, chez le dit Languedoc, rue de Bretagne aux Marais, A Paris, Avec privilège du Roy, 1705. Suite de Douze pièces, dont un titre. Très belles épreuves. Rares.

TEMPESTA (Ant.)

462 — Arabesques avec sujets au milieu. Suite de dix pièces gravées à l'eau forte. Très belles épreuves.

TETTELIN (d'après L.)

463 — Frises et Triomphes d'Amours. Dix pièces. Belles épreuves.

TORO (B.)

464 — Livre nouveau de cartouches dédié à M. Louis Lenfant... Gravées par B. Pavillon. Six pièces. Épreuves à toutes marges.

465 — Desseins à plusieurs usages inventés par M. B. Toro, gravés par Blanc. Six pièces. Épreuves avec marge.

466 — Tables. Quatre pièces gravées par de Rochefort. Belles épreuves.

VILLEMIN ET AUTRES

467 — Choix des plus beaux ouvrages de l'antiquité. Dix-huit pièces.

VINSAC ET LEPAUTRE

468 — Bout de table ou salière double, — Flambeaux, Vases, etc. Seize pièces.

VISCONTI

469 — Décorations pour plafonds et autres. Douze pièces gravées à l'eau-forte. Très belles épreuves.

VREEDMAN DE VRIESE

470 — Thermes et Cariatides. Dix pièces. Belles épreuves.

WAILLY (d'après DE)

471 — Galerie d'un Palais, gravée par Desprez. Belle épreuve.

WATTEAU (d'après ANT.)

472 — L'Alliance, — L'Automne, — L'Esté, — L'Hiver, — L'Esté. Cinq pièces en forme d'écrans, gravées par Huquier. Très belles épreuves.

473 — Arabesques ; au milieu, Mercure assis dans une niche. Pièce gravée par le comte de Caylus. Belle épreuve.

474 — Arabesque ; au milieu : des Moissonneurs. Gravé par Huquier. Belle épreuve.

475 — Le Galant, par B. Audran. Arabesque en hauteur. Très belle épreuve, marge.

476 — La Grotte, — L'Automne, — La Pèlerine. Trois pièces gravées par Huquier et B. Rocques. Belles épreuves.

477 — L'Heureux Moment, — Le Berger content. Deux pièces gravées par Crépy. Belles épreuves.

478 — Le May, — Feste bacchique, — Partie de Chasse. Trois pièces des grandes arabesques en hauteur, gravées par Moyreau. Deux sont des contre-épreuves.

479 — Partie de Chasse, — Le May. Deux pièces. Nos 3 et 4 des grandes arabesques, gravées par Scotin et Aveline. Très belles épreuves, grandes marges.

480 — Les Singes de Mars. Arabesque par J. Moyreau, superbe épreuve, avec marge.

WATTEAU (d'après Ant.)

481 — Le Théâtre. Arabesque en hauteur, gravé par Huquier. Très rare épreuve d'un premier état avant un grand nombre de travaux sur la décoration du fond ; sur le devant, à gauche, il y a une bouteille, un verre, des fruits, etc, tandis que dans l'état suivant, il y a un groupe de cinq personnages. En cet état, les personnages qui sont à droite n'ont pas la même physionomie que dans l'état suivant. Très belle épreuve, marge.

481 *bis* — La même estampe. Très belle épreuve du 2e état, avec tous les changements indiqués au 1er état.

482 — Vénus blessée par l'Amour, décoration pour plafond, gravé par Caylus et Aveline. Très belle épreuve.

483 — La Voltigeuse. Grande arabesque en hauteur gravée par Huquier. Très belle épreuve.

484 — Livre nouveau des différents trophées, inventez par Watteau et gravé par Huquier. Six pièces.

ZANCARLI

485 — Verscheyden aerdige Morissen Van Polifilio Zancarli geordineert ende Gedruckt by Claes Ians. Visscher. 1636. Suite de treize pièces, frises formées d'ornements et figures de Syrènes et d'Amours. Très belles épreuves. Rares.

Paris. — Imp. Pillet et Dumoulin, 5, rue des Grands-Augustins.

www.ingramcontent.com/pod-product-compliance
Ingram Content Group UK Ltd.
Pitfield, Milton Keynes, MK11 3LW, UK
UKHW021124230726
13926UKWH00002B/633

9 782014 451573